Los doctores

Laura K. Murray

CREATIVE EDUCATION • CREATIVE PAPERBACKS

semillas del saber

Publicado por Creative Education y Creative Paperbacks
P.O. Box 227, Mankato, Minnesota 56002
Creative Education y Creative Paperbacks son marcas
editoriales de The Creative Company
www.thecreativecompany.us

Diseño de Ellen Huber
Producción de Grant Gould
Dirección de arte de Rita Marshall
Traducción de TRAVOD, www.travod.com

Fotografías de Alamy (Daria Artemenko, ONOKY, Panther
Media GmbH, Anatolii Riepin), iStockphoto (Michael Burrell,
didesign021, Minerva Studio, monkeybusinessimages,
Tinpixels), Shutterstock (fizkes, Gorodenkoff, lenetstan,
Monkey Business Images, MsMaria, Sofiaworld,
Tong_stocker, Valua Vitaly, wavebreakmedia, wonderisland,
Elena Zajchikova)

Library of Congress Cataloging-in-Publication Data. Names:
Murray, Laura K., 1989- author. Title: Los doctores / Laura K.
Murray. Other titles: Doctors. Spanish. Description: Mankato
: Creative Education and Creative Paperbacks, 2023. | Series:
Semillas del saber | Includes bibliographical references and
index. | Audience: Ages 4-7 | Audience: Grades K-1 | Summary:
"Early readers will learn how different doctors help people
stay healthy. Full color images and carefully leveled text
highlight what doctors do, where they work, and how they
help the community."-- Provided by publisher. Identifiers:
LCCN 2022007344 (print) | LCCN 2022007345 (ebook) | ISBN
9781640267022 (library binding) | ISBN 9781682772584
(paperback) | ISBN 9781640008434 (pdf). Subjects: LCSH:
Physicians--Juvenile literature. Classification: LCC R690
.M8718 2023 (print) | LCC R690 (ebook) | DDC 610.69/5--
dc23/eng/20220322. LC record available at https://lccn.loc.
gov/2022007344. LC ebook record available at https://lccn.loc.
gov/2022007345.

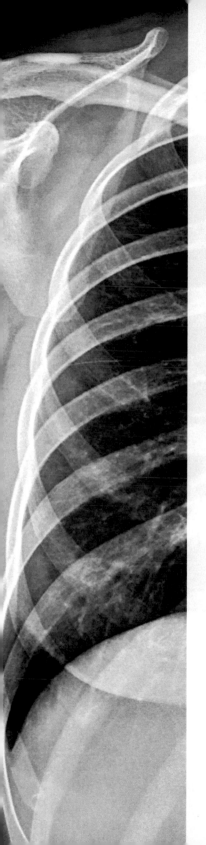
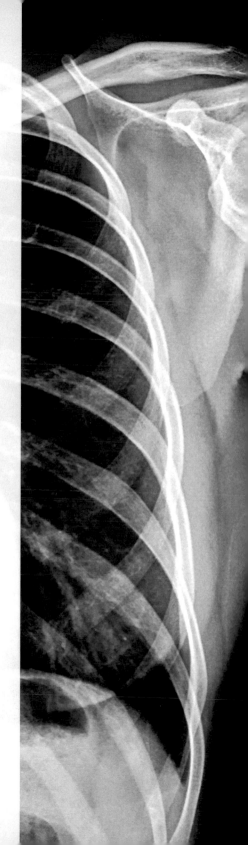

TABLA DE CONTENIDO

¡Hola, doctores!

Los doctores ayudan a la gente que está enferma o lastimada.

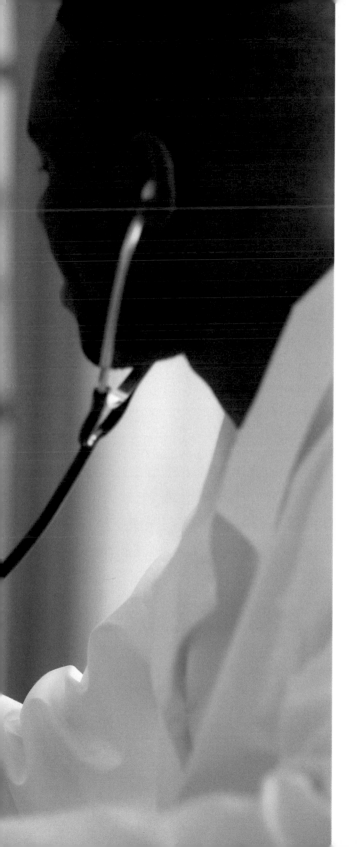

También ayudan a las personas a mantenerse sanas.

Muchos doctores tratan pacientes en el hospital.

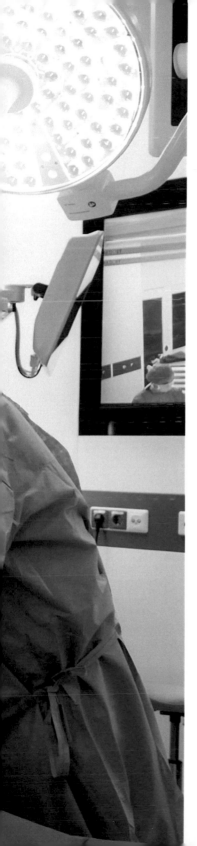

Otros, trabajan en un consultorio.

Hay muchos
tipos de doctores.
Algunos trabajan
con niños o bebés.

Otros tratan una parte específica del cuerpo, por ejemplo, el corazón.

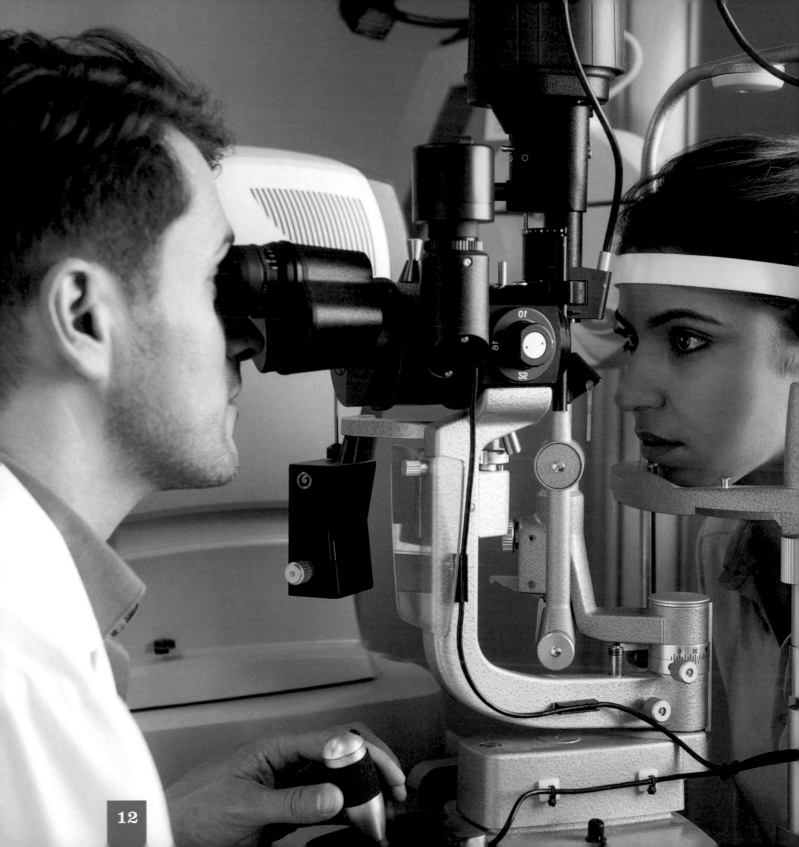

La gente visita
a los doctores
para un chequeo.
Los doctores se
aseguran de que
estén sanos.

Los doctores usan un estetoscopio.

Escuchan el corazón y los pulmones. También usan pequeñas linternas. Revisan los ojos, las orejas y la garganta.

Los doctores
tratan de
arreglar lo
que está mal.

Dan **medicamentos** que ayudan a que la gente se cure.

¡Gracias, doctores!

Visualiza a un doctor

paciente

otoscopio

estetoscopio

linterna

abatelenguas

bata

21

Palabras para saber

chequeos: visitas al médico para que revise tu estado de salud

estetoscopio: herramienta usada para escuchar el corazón, los pulmones y el estómago

medicamentos: medicinas que se usan para tratar enfermedades

pacientes: personas que están recibiendo atención médica

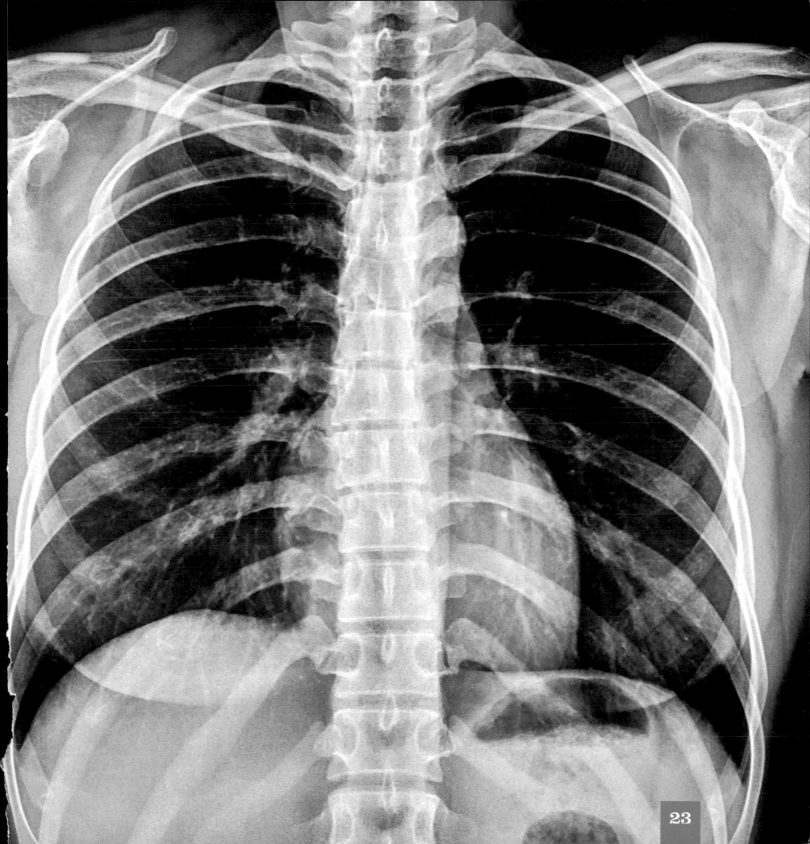

Índice